DÉCRET DU 28 JANVIER 1908

PORTANT

APPLICATION AUX TROUPES EUROPÉENNES ET ASSIMILÉES
A LA CHARGE DU DÉPARTEMENT DES COLONIES

DES DISPOSITIONS DE LA LOI DU 21 MARS 1905

SUR LE

RECRUTEMENT DE L'ARMÉE

SUIVIES DE

L'INSTRUCTION POUR LA MISE EN VIGUEUR DUDIT DÉCRET

Tarifs de solde. Hautes payes.
Primes d'engagement et de rengagement. Indemnités.

PARIS
HENRI CHARLES-LAVAUZELLE
Éditeur militaire
10, Rue Danton, Boulevard Saint-Germain, 118

(MÊME MAISON A LIMOGES)

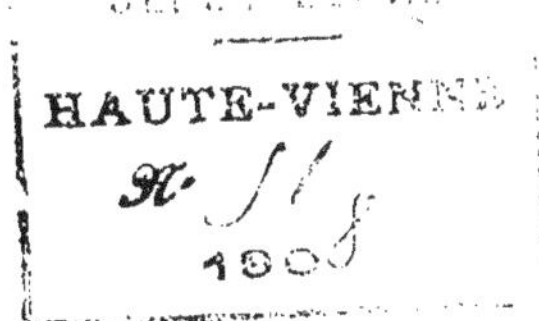

Décrets du 28 janvier 1908, portant application aux troupes européennes et assimilées, à la charge du Département des Colonies, des dispositions de la loi du 21 mars 1905, sur le recrutement de l'armée, suivis de l'instruction pour la mise en vigueur desdits décrets.

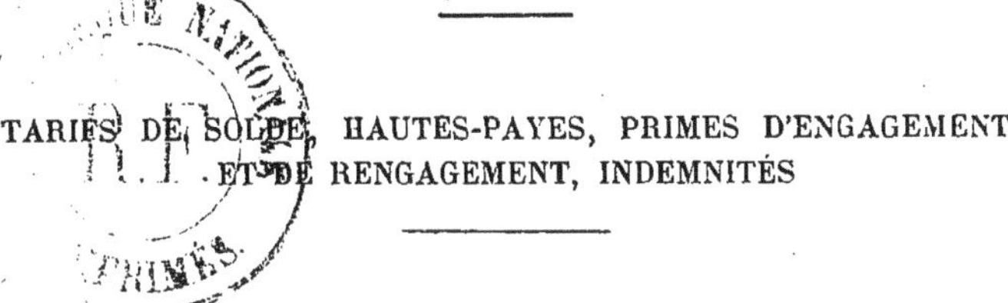

TARIFS DE SOLDE, HAUTES-PAYES, PRIMES D'ENGAGEMENT ET DE RENGAGEMENT, INDEMNITÉS

Décrets portant application aux troupes européennes et assimilées, à la charge du département des colonies, des dispositions de la loi du 21 mars 1905 sur le recrutement de l'armée.

RAPPORT AU PRÉSIDENT DE LA RÉPUBLIQUE FRANÇAISE.

Paris, le 28 janvier 1908.

Monsieur le Président,

La loi du 21 mars 1905 sur le recrutement de l'armée institue un nouveau régime de hautes payes, de primes d'engagement et de rengagement, ainsi qu'une solde globale mensuelle pour les sous-officiers à partir de leur sixième année de service. Elle dispose, en outre, à son titre IV, que de nouveaux tarifs devront être établis pour ces diverses allocations.

Conformément à ces prescriptions, deux décrets (guerre), datés des 25 janvier et 20 septembre 1906 ont fixé ces nouveaux tarifs, respectivement pour les troupes métropolitaines et pour les troupes coloniales stationnées en France, en Algérie ou en Tunisie.

Un travail de tarification analogue reste à accomplir pour les troupes en service dans nos possessions d'outre-mer et relevant du département des colonies. C'est ce travail que j'ai l'honneur de soumettre à votre haute sanction, sous la forme de projet de décret ci-après.

Les considérations qui suivent, indépendamment de celles exposées dans les rapports appuyant les deux décrets (guerre) susvisés, ont guidé mon département dans l'élaboration de ce travail.

I. — A l'heure actuelle, les diverses allocations en deniers accordées aux militaires servant aux colonies sont fixées par le décret du 29 décembre 1903. Il convient de remarquer que les dispositions de ce texte s'appliquent à la fois au personnel officier, aux sous-officiers et hommes de troupe européens et assimilés, ainsi qu'aux militaires indigènes.

Or, la loi du 21 mars 1905 sur le recrutement de l'armée n'apporte de modification au régime actuel des allocations que pour les sous-officiers et hommes de troupe européens et assimilés.

Dans ces conditions, le projet de décret préparé par mon département ne vise que cette seule catégorie de personnel. Il ne modifie en aucune façon les dispositions et les tarifs du décret du 29 décembre 1903 concernant le personnel officier et les militaires indigènes.

II. — Les militaires européens et assimilés servant aux colonies appartiennent, soit aux troupes métropolitaines (légion étrangère, génie, etc.), soit aux troupes coloniales (infanterie coloniale, artillerie coloniale, etc.).

Pour ces deux catégories de troupes, le département de la guerre a institué en France, par les décrets susvisés des 25 janvier et 20 septembre 1906, des régimes d'engagements et de rengagements distincts avec tarifs spéciaux à chacun d'eux.

Afin d'éviter le changement de régime pour les militaires se rendant de France aux colonies ou *vice versa*, j'ai dû maintenir dans le projet de décret ci-après les deux régimes en question et les tarifs y afférents, en disposant simplement que les uns ou les autres seront appliqués selon que les militaires appartiendront aux troupes métropolitaines ou aux troupes coloniales.

Toutefois, et conformément à ce qui a lieu à l'heure actuelle, il me paraît équitable de traiter, pour l'allocation des primes, les militaires des troupes métropolitaines sur le même pied que les militaires des troupes coloniales, pour la période passée aux colonies au cours de leur engagement ou de leur rengagement. A cet effet, il a été prévu pour les premiers de ces militaires et pour la durée de leur séjour colonial l'allocation d'un complément colonial de prime.

III. — En ce qui concerne les allocations autres que celles se rapportant spécialement aux engagements et rengagements, c'est-à-dire en ce qui concerne la solde, les hautes payes et les indemnités ainsi que les retenues, il a été admis dans le projet de décret qu'elles seraient identiques pour les militaires des troupes coloniales et métropolitaines.

Cette tarification uniforme, d'ailleurs en vigueur actuellement, se justifie pleinement par la similitude des situations de ces deux catégories de militaires.

IV. — La loi du 21 mars 1905 dispose qu'il y aura une solde par grade. D'autre part, les différences existant entre les fonctions remplies par des militaires de même grade ne justifient pas, en général, une différence de traitement. Pour ces deux motifs, j'ai cru devoir réaliser dans le projet de décret ci-après l'unification complète d'allocations par grade, unification déjà ébauchée par le décret du 29 décembre 1903.

En conséquence, et contrairement aux dispositions de ce dernier décret, les employés militaires (gardes stagiaires, armuriers des troupes coloniales, ouvriers d'état, etc.) seront exactement traités sur le même pied que les militaires des corps de troupes de même grade ; également, aucun avantage pécuniaire ne sera fait dorénavant aux militaires remplissant des emplois spéciaux tels que trompettes, clairons, sapeurs, etc. ; enfin, aucune différence de situation n'existera plus entre l'homme de troupes à pied et l'homme de troupes à cheval.

Toutefois, par analogie avec les dispositions adoptées par le département de la guerre dans le décret du 20 septembre 1906, il a été admis que les artificiers de batterie, les maîtres pointeurs, les maîtres ouvriers, les maîtres artificiers et les soldats armuriers, toucheraient une solde intermédiaire entre celle de soldat et celle de caporal.

Une seconde exception au principe d'unification posé plus haut réside dans ce fait qu'une indemnité de travail pourra être accordée à certains militaires accomplissant des besognes particulièrement pénibles ou délicates aux colonies (gardes stagiaires employés sur les chantiers de construction, ouvriers d'état, armuriers, maréchaux ferrants, etc.).

Mais en raison des motifs qui justifient cette allocation supplémentaire et afin de ne pas détruire l'harmonie du projet de décret qui vous est soumis, il a été stipulé que le taux de cette indemnité de travail sera fixé par le règlement spécial au service qui supportera l'indemnité : règlements sur les services administratifs, artillerie, intendance, santé, règlements sur les diverses masses pour les employés dans les corps de troupes.

V. — En ce qui concerne l'établissement proprement dit des tarifs, les principes suivants ont été observés :

1° Pour les primes d'engagement et de rengagement, et l'indemnité journalière spéciale accordée dans le cas de contrats résiliables, les tarifs fixés par les décrets (guerre) des 25 janvier et 20 septembre 1906 ont été adoptés sans aucun changement ; quant aux taux du complément colonial de prime, ils ont été fixés à la différence exacte entre les primes des troupes coloniales et les primes les plus élevées des troupes métropolitaines ;

2° Pour les autres allocations, les tarifs prévus par le décret du 20 septembre et concernant les troupes coloniales stationnées en France ont servi de point de départ des calculs. Les chiffres figurant à ces tarifs ont été majorés strictement du supplément existant, avant l'apparition de ces nouveaux tarifs, entre les allocations correspondantes payées en France et aux colonies. Lorsque plusieurs de ces allocations anciennes ont été fusionnées dans une seule des nouveaux tarifs, c'est toujours le supplément le plus faible qui a été ajouté.

Le classement par catégories d'ancienneté de service, adopté dans le décret (guerre) du 20 septembre 1906, pour la progression des diverses allocations, a été maintenu sans aucun changement. Dans la solde des sous-officiers à partir de la sixième année de service ont été incorporés, comme le prescrit la loi du 21 mars d'une part, la haute paye ; d'autre part, le prix de la ration. Comme ce prix est très variable non seulement d'une colonie à l'autre, mais encore dans les différentes régions d'une même colonie, et comme il est indispensable d'avoir un tarif de solde coloniale unique pour nos diverses possessions, la somme de 1 franc, qui représente approximativement le prix minimum de cette ration, a seule été incorporée dans la solde. Le complément de la valeur de la ration, cumulé avec l'indemnité de résidence actuelle, donne la nouvelle indemnité de résidence fixée par le tarif n° 6 annexé au projet de décret ci-après.

Pour la solde des caporaux et brigadiers fourriers, caporaux et brigadiers et hommes de troupe, le principe admis par le département de la guerre de la séparation absolue entre la solde proprement dite payée à l'homme et l'allocation destinée à son alimentation a été adopté dans les tarifs annexés au décret ci-après. En conséquence, les tarifs de solde pour cette catégorie de personnel, établis comme il est dit ci-dessus, ont été uniformément diminués de 0 fr. 135, montant de l'ancien prélèvement opéré sur la solde pour être versé à l'ordinaire.

3° Par analogie avec ce qui a été fait par le département de la guerre, dans son décret du 20 septembre 1906, et dans le but d'échelonner l'augmentation de dépenses résultant de la mise en vigueur de la loi du 21 mars 1905, ainsi que pour atténuer dans la mesure du possible la différence de situation des sous-officiers placés sous l'ancien et le nouveau régime, il a été prévu pour les sous-officiers et durant les années 1906, 1907, 1908 et 1909, une solde transitoire progressivement croissante, le tarif plein établi sur les bases indiquées ci-dessus ne devant être appliqué qu'à compter du 1er janvier 1910.

VI. — Quant aux dispositions transitoires à prévoir pour les militaires liés actuellement par un contrat passé sous les anciennes conditions (engagement, rengagement, commission), elles sont identiquement celles adoptées par le département de la guerre dans les décrets des 25 janvier et 20 septembre 1906.

Telles sont, Monsieur le Président, les principales considérations sur lesquelles a été appuyée l'élaboration du décret ci-après.

Si vous les approuvez, j'ai l'honneur de vous prier de vouloir bien revêtir ledit projet de votre signature.

Veuillez agréer, Monsieur le Président, l'hommage de mon respectueux dévouement.

Le Ministre des colonies,
MILLIÈS-LACROIX.

Le Président de la République française,

Vu la loi du 21 mars 1905 sur le recrutement de l'armée ;

Vu les décrets (guerre) des 25 janvier et 20 septembre 1906, portant respectivement application aux troupes métropolitaines et coloniales stationnées dans la métropole, des dispositions de la loi du 21 mars 1905 ;

Vu le décret (colonies) du 29 décembre 1903, portant règlement sur la solde et les accessoires de solde des troupes coloniales et métropolitaines à la charge du département des colonies ;

Considérant que, d'après le titre IV de la loi du 21 mars 1905 sur le recrutement de l'armée, il doit être établi de nouveaux tarifs de solde, de primes d'engagement et de rengagement, de hautes payes et d'indemnités de logement ;

Considérant que la différence entre chaque allocation coloniale et l'allocation d'Europe correspondante, doit rester strictement, avec la nouvelle tarification, ce qu'elle était auparavant ;

Considérant que les tarifs de primes, d'engagement et de rengagement à appliquer aux troupes coloniales et métropolitaines stationnées aux colonies, doivent être identiques à ceux respectivement adoptés, dans la métropole, pour les mêmes troupes ;

Considérant, toutefois, qu'il est équitable de traiter, au point de vue primes, les militaires des troupes métropolitaines sur le même pied que les militaires des troupes coloniales, pour la période passée aux colonies au cours de leur engagement ou de leur rengagement ;

Considérant, en ce qui concerne la solde, que les dispositions de la loi du 21 mars 1905 et du décret du 20 septembre 1906 entraînent le groupement des tarifs par grades d'adjudant, de sergent-major, de sergent, de caporal fourrier, de caporal, de maître ouvrier et de soldat, c'est-à-dire l'unification de la solde par grade, quelle que soit l'arme du militaire ou la fonction remplie par lui ;

Considérant que, d'après la loi du 21 mars 1905, la solde des sous-officiers au delà de la cinquième année de service doit être exclusive de la ration ; qu'il convient, afin d'avoir un mode d'opérer unique, d'étendre ce principe aux sous-officiers ayant moins de cinq ans de service ; que la valeur de la ration étant très variable dans nos possessions d'outre-mer, il est indispensable, pour avoir un tarif de solde unique dans l'empire colonial, de ne comprendre dans la solde des sous-officiers que le seul prix minimum de la ration évalué à 1 franc ; qu'il convient, en conséquence, de payer, sous forme d'indemnité de résidence, le complément de la valeur de la ration cumulé avec l'indemnité de résidence actuelle ;

Considérant qu'afin de se conformer aux dispositions de la loi du 21 mars 1905 il est également indispensable de comprendre la haute paye dans la solde des sous-officiers, à partir de la sixième année de service ;

Considérant que les sous-officiers employés militaires doivent être traités comme les sous-officiers des corps de troupes dont ils ont la correspondance de grade et de service ;

Considérant enfin qu'il convient de prévoir une indemnité de travail pour certaines catégories de militaires ayant des obligations particulièrement pénibles aux colonies ;

Sur le rapport du Ministre des colonies,

Décrète :

TITRE Ier.

DISPOSITIONS NOUVELLES.

Art. 1er. Les dispositions qui régissent aux colonies le service de la solde et les tarifs, pour les sous-officiers, brigadiers, caporaux et soldats, européens et assimilés, sont modifiées ainsi qu'il suit :

Solde coloniale de présence.

Art. 2. Les sous-officiers, brigadiers, caporaux et soldats, européens et assimilés, en service aux colonies, perçoivent une solde coloniale de présence qui est la même pour les troupes métropolitaines et les troupes coloniales.

1° Sous-officiers.

Pour les sous-officiers, cette solde est la même, quelle que soit l'arme ou la fonction remplie. Elle est distincte par grade d'adjudant, de sergent-major et de sergent, distincte par classe d'ancienneté de service.

En conséquence, les sous-officiers, stagiaires et ouvriers d'état d'artillerie coloniale, les sous-chefs de fanfare, les maréchaux des logis trompettes-majors et les sergents-majors clairons, les chefs artificiers, les chefs armuriers, les maréchaux des logis trompettes et les sergents clairons, les sous-chefs artificiers et les sous-chefs armuriers recevront, désormais, la solde coloniale des sous-officiers dont ils ont la correspondance de grade et de service.

Jusqu'à cinq ans révolus de service, la solde coloniale de présence des sous-officiers est journalière ; elle est la même pour les sous-officiers engagés, rengagés ou commissionnés que pour les sous-officiers non rengagés et non commissionnés.

A partir de leur sixième année de service, les sous-officiers ont droit à une solde coloniale de présence mensuelle, progressive avec l'ancienneté de service.

La solde coloniale des sous-officiers, journalière ou mensuelle, exclut toute prestation d'alimentation et de chauffage, mais se cumule, s'il y a lieu, avec la prime de rengagement et la haute paye, dans les conditions indiquées aux articles suivants et, le cas échéant, avec les indemnités de résidence, de marche, de logement, de route, etc..., ainsi qu'avec les allocations en nature qui peuvent être attribuées aux troupes en campagne et les allocations réglementaires relatives à l'habillement.

2° Hommes de troupe.

Pour les hommes de troupe, la solde coloniale est la même, quelle que soit l'arme, ou l'ancienneté de service, mais distincte pour les caporaux ou brigadiers fourriers, les caporaux ou brigadiers, les maîtres ouvriers et les soldats. Elle n'est susceptible d'aucune retenue pour l'alimentation et doit être payée intégralement à l'homme.

Toucheront la même solde coloniale que les caporaux ou brigadiers, les caporaux sapeurs, les caporaux clairons, brigadiers trompettes, brigadiers maîtres maréchaux, caporaux ou brigadiers armuriers et musiciens après dix ans de fonction.

La même solde coloniale que celle des maîtres ouvriers sera payée aux artificiers des batteries, aux maîtres pointeurs, aux premiers ouvriers, aux maîtres artificiers et aux soldats armuriers.

Enfin, percevront la solde coloniale de soldat les cavaliers, canonniers, ouvriers des batteries et des compagnies d'artificiers, à fer et à bois, aides-maréchaux ferrants, bourreliers, sapeurs des corps d'infanterie et du génie, tambours, clairons, trompettes, soldats élèves musiciens et soldats disciplinaires (fusiliers et pionniers).

Solde coloniale d'absence.

Art. 3. Une solde d'absence coloniale peut être allouée, dans les cas et conditions prévus par les règlements actuellement en vigueur, aux sous-officiers, caporaux, brigadiers et soldats, européens et assimilés, servant au delà de la durée légale en vertu d'un engagement, d'un rengagement ou d'une commission.

Les prescriptions de l'article précédent, relatives à la solde de présence, s'appliquent également à la solde d'absence.

Hautes payes.

Art. 4. Sous les réserves prévues aux articles 15 et suivants ci-après, tout militaire européen ou assimilé des troupes coloniales ou métropolitaines, lié au service pour une durée supérieure à la durée légale, a droit, aux colonies, à partir du commencement de la troisième année de présence sous les drapeaux à une haute paye coloniale journalière.

Ces dispositions sont applicables à tout homme maintenu au corps, autrement que par mesure disciplinaire (art. 39 de la loi du 21 mars 1905) et au delà de deux années de services effectifs.

La haute paye coloniale est due dans toutes les positions de présence et d'absence régulières ou légales.

Elle cesse d'être due aux sous-officiers à partir du jour où ils sont admis à la solde mensuelle coloniale.

La haute paye est distincte par grade ; pour les caporaux, brigadiers et soldats, elle est, en outre, progressive avec l'ancienneté de service.

Le droit à la haute paye coloniale est temporairement suspendu :

1° Pour tout militaire pendant le cours des punitions supérieures à huit jours de prison, des punitions de cellule, ainsi que dans le cas d'absence irrégulière ou illégale, de mise en jugement ou de détention, quand il y a condamnation ;

2° Pour tout militaire engagé ou rengagé envoyé par mesure disciplinaire dans une compagnie de discipline, pendant la durée de son séjour dans cette compagnie ;

3° Pour tout rengagé ou engagé après libération des régiments étrangers, des régiments de tirailleurs algériens, des régiments de spahis algériens et des bataillons d'infanterie légère d'Afrique, envoyé par mesure disciplinaire à la section de discipline de ces corps, pendant la durée de son séjour à ladite section.

Si les hommes visés aux paragraphes 2 et 3 ci-dessus sont réintégrés dans un corps de troupes, ils recouvrent à compter du jour de leur réintégration leurs droits aux hautes payes. Le temps passé dans les corps de discipline comptera pour la haute paye supérieure, quand le militaire en sera sorti.

Tout militaire engagé ou rengagé qui, étant sous les drapeaux, est l'objet d'une condamnation, soit à la peine des travaux publics, soit à celle de l'emprisonnement pour une durée de trois mois au moins, est déchu, même s'il a bénéficié du sursis prévu par la loi du 26 mars 1891, de tous ses droits à la haute paye pendant toute la durée de l'acte qui le lie au service ou de celui déjà souscrit, quoique n'ayant pas encore commencé à courir.

Allocations afférentes aux engagements ou rengagements à terme fixe.

Art. 5. Les militaires des troupes coloniales ou métropolitaines engagés ou rengagés aux colonies, à terme fixe, ont droit à des primes d'engagement et de rengagement, dans les conditions indiquées ci-après :

Troupes coloniales. — Tous les militaires des troupes coloniales, engagés ou rengagés, ont droit, jusqu'à la dixième année de service inclusivement, à une prime pour chaque année de service qu'ils ont accepté de passer sous les drapeaux en sus de la durée légale, c'est-à-dire deux ans.

Les militaires maintenus sous les drapeaux en qualité de commissionnés, ou réadmis dans la même qualité n'ont pas droit à cette allocation.

Au delà de dix ans de service, aucune prime ne peut être payée à aucun titre.

Le taux de la prime varie suivant que l'intéressé est ou non sous-officier ; il est fixé annuellement pour une période d'une année par les Ministres de la guerre et des colonies et peut varier suivant les corps ; il doit, en conséquence, être payé à chaque engagé ou rengagé autant de fois la somme fixée que son contrat comporte d'années en sus du temps légal.

Si l'engagement ou le rengagement comporte une portion d'année, l'intéressé n'a droit, pour cette fraction, qu'à une part proportionnelle de la prime actuelle.

Si, dans le cours d'un engagement ou d'un rengagement, le militaire qui a bénéficié de la prime est nommé sous-officier avant la dixième année de service révolue, la différence entre la prime perçue ou due et celle de sous-officier lui est acquise pour une part proportionnelle au temps qui lui reste à accomplir dans la limite de dix ans de services.

Troupes métropolitaines. — Tout militaire français des troupes métropolitaines ou y servant au titre français, qui a contracté un engagement ou un rengagement de manière à porter la durée de son service à quatre ou cinq années, a droit à une prime proportionnelle au temps qu'il s'est engagé à passer sous les drapeaux en sus des trois premières années dans la limite de cinq ans de services.

Les militaires maintenus sous les drapeaux ou réadmis en qualité de commissionnés n'ont pas droit à la prime.

Le tarif des primes comporte les catégories suivantes : une prime forte et une prime faible pour les sous-officiers ; une prime forte, une prime moyenne et une prime faible pour les caporaux, brigadiers et soldats.

Les Ministres de la guerre et des colonies font connaître

annuellement, à la date du 1er janvier, la répartition des corps de troupes entre les diverses catégories de primes à allouer soit aux sous-officiers, soit aux caporaux, brigadiers et soldats.

Si, dans le cours d'un engagement ou rengagement, le militaire qui a bénéficié d'une prime est nommé sous-officier, la différence entre cette prime et celle du sous-officier lui est acquise pour une part proportionnelle au temps qui lui reste à accomplir dans la limite de cinq années de services.

En outre des allocations leur revenant par application des dispositions précédentes, les militaires des troupes métropolitaines, français ou y servant au titre français, perçoivent pour la période de leur engagement ou de leur rengagement passé aux colonies un complément colonial de prime.

Ce complément colonial est proportionnel à la durée du séjour aux colonies, comptée du jour de l'embarquement en France ou en Algérie, jusqu'à la date officielle de leur embarquement aux colonies, en vue de leur retour en France ou en Algérie.

Ce complément colonial est dû lorsque le militaire des troupes métropolitaines, lié par un engagement ou un rengagement, se trouve dans sa troisième à sa dixième année de service.

Le taux de ce complément colonial, représentant la différence entre le montant des primes prévues pour les troupes coloniales et celui prévu pour les troupes métropolitaines, est fixé par le tarif n° 5 annexé au présent décret.

Allocations afférentes aux engagements ou rengagements résiliables.

Art. 6. Les militaires des troupes coloniales qui ont souscrit un engagement ou rengagement résiliable, ont droit, en plus d'une prime réduite acquise dans les conditions indiquées à l'article précédent, à une indemnité spéciale journalière qui leur est attribuée de la troisième à la dixième année de service inclusivement.

Cette indemnité spéciale, qui est fixée par décision des Ministres de la guerre et des colonies et qui est, du reste, la même aux colonies qu'en France, est allouée dans toutes les positions donnant droit à la haute paye journalière prévue à l'article 4 du présent décret et se cumule avec cette dernière.

Si, dans le cours d'un engagement ou d'un rengagement, le militaire est nommé caporal ou brigadier, il reçoit, à titre de complément de prime, une somme égale à la totalité des indemnités journalières spéciales qu'il aurait perçues jusqu'à la fin de son contrat en cours.

Dispositions communes aux engagements et rengagements à terme fixe ou résiliables.

Art. 7. La prime est acquise à l'engagé du jour où il a rejoint son corps et au rengagé en activité de service du jour où son rengagement commence à courir.

Les militaires libérés du service et les inscrits maritimes ayant accompli la période de service obligatoire, qui contractent des rengagements dans les conditions prévues par les articles 54 et suivants de la loi du 21 mars 1905, ne peuvent également recevoir les sommes auxquelles ils ont droit que le jour de leur arrivée au corps.

Les militaires nommés sous-officiers ont droit au complément de prime visé à l'article 5 du jour de leur nomination.

Le complément colonial de prime est acquis à l'intéressé dès que la date officielle de l'embarquement, en vue du retour, est connue dans la colonie.

Aucune prime ou complément de prime ne peut être payée avant les époques ci-dessus fixées.

Sur la demande de l'intéressé, la prime ou complément de prime peut ne pas lui être versée immédiatement ou ne l'être qu'en partie. Le reliquat ou, s'il y a lieu, la totalité de la prime, lui sera payée, soit par annuités égales, soit en un seul versement, au moment où il quittera le service. Toutefois, en cas de mariage ou autre obligation dûment constatée, l'intéressé pourra, avec l'autorisation du chef de corps, percevoir la totalité ou une fraction de la prime qui lui reste due.

La portion de la prime non touchée portera intérêt simple à 2,50 p. 100 par an, à partir du jour où le contrat a commencé à courir et jusqu'à son expiration seulement.

Les intérêts simples des primes, fractions de primes, annuités, sont payés en même temps que ces sommes.

Si, dans le cours d'un engagement ou d'un rengagement, le tarif de la prime qui est fixé annuellement par les Ministres de la guerre et des colonies vient à être augmenté, le militaire qui n'aura pas déjà perçu l'intégralité de la prime bénéficiera, pour la portion de prime non encore touchée, du tarif nouveau.

Si la prime était réduite, cette réduction ne saurait, en aucun cas, préjudicier aux intéressés.

En cas de promotion au grade d'officier, la portion de prime, y compris les intérêts non perçus, est payée immédiatement à l'ayant droit.

En cas de décès sous les drapeaux, le reliquat non payé de la prime, ou, s'il y a lieu, la totalité de cette allocation, est attribué aux héritiers, y compris les intérêts simples calculés comme il a été dit ci-dessus.

Indemnités.

Art. 8. Les taux et les conditions d'allocations des indemnités figurant au décret du 29 décembre 1903 (titre II, chapitre 2, art. 15), demeurent applicables sous la réserve des modifications suivantes :

N° 2. Indemnité à l'occasion de la fête nationale. — Cesse d'être allouée aux sous-officiers touchant la solde mensuelle.

N° 3. Indemnité de résidence. — Continue d'être allouée dans les mêmes conditions sous la double réserve : 1° qu'elle est toujours exclusive de l'indemnité de route et de séjour ou de l'indemnité de marche et non plus seulement dans les 3e, 4e et 5e zones ; 2° que les taux de l'indemnité sont les mêmes pour les sous-officiers et les employés militaires sous-officiers. Ces taux sont fixés par le tarif n° 6 ci-après.

Indépendamment de l'allocation prévue au tarif n° 6, les sous-officiers et assimilés de tous grades perçoivent, dans les mêmes conditions que l'indemnité de résidence, une indemnité de résidence complémentaire égale à la différence entre le taux de l'indemnité représentative de la ration dans le lieu de leur résidence et la somme de 1 franc incorporée dans leur solde.

N° 13. Indemnité de départ colonial. — A la troisième ligne des règles d'allocation les mots « les employés militaires, sous-officiers » sont supprimés.

N° 14. Indemnité de logement. — *a*) Position de présence. — Sont supprimés : à la troisième ligne des règles d'allocation, les mots « non employés militaires » ; au troisième paragraphe des règles d'allocation, les mots « employés militaires, les infirmiers militaires des troupes coloniales » ; dans les dispositions particulières en regard, les mots « infirmiers et les maîtres ouvriers ».

Sont ajoutés, à la première ligne du deuxième paragraphe des règles d'allocation, les mots « 18, 21, 24 ou 27 francs, par le Département de la guerre, selon la garnison où chacun de ces sous-officiers avait son domicile avant son départ pour une possession d'outre-mer » ; après le mot « allouée », à la 2e ligne du même paragraphe, les mots « sur le même taux » ; à la 6e ligne du dernier paragraphe des dispositions particulières, les mots « 18, 21, 24 ou 27 francs ».

b) Position d'absence. — Sont également supprimés : à la 2e ligne des règles d'allocation, les mots « non employés militaires » ; au sixième paragraphe des règles d'allocation, les mots « employés militaires et infirmiers des troupes coloniales ».

N° 15. Indemnité aux vaguemestres. — Cesse d'être allouée aux sous-officiers touchant la solde mensuelle.

N° 16. Indemnité en remplacement de vivres. — Cesse d'être allouée à tous les sous-officiers sans aucune exception.

Indemnité de travail. — Les règlements spéciaux sur les services administratifs (artillerie, intendance, service de santé) et sur les masses, fixent les indemnités de travail allouées à certaines catégories de personnel pour toute journée de présence effective dans la fonction qui y donne droit.

Retenues.

Art. 9. Les taux et les conditions de retenues figurant au décret du 29 décembre 1903 (titre II, chapitre 5, art. 18) demeurent applicables, sous réserve des modifications suivantes :

Retenue journalière d'hôpital. — La retenue journalière d'hôpital sera dorénavant la même pour les sous-officiers employés militaires et pour les sous-officiers non employés militaires et basée sur la correspondance de grade adoptée pour la solde coloniale. Le taux en est fixé par le tarif annexé au présent décret.

Retenues pour dettes envers l'Etat. — Les dispositions applicables aux officiers en ce qui concerne les retenues pour dettes envers l'Etat sont également applicables aux sous-officiers percevant la solde mensuelle.

Retenues au profit de tiers. — Les prescriptions en vigueur en ce qui concerne les retenues pour aliments et les retenues pour dettes en vertu d'oppositions ou saisies-arrêts exercées sur la solde des officiers sont également applicables aux sous officiers qui perçoivent une solde mensuelle.

Les retenues qui ont lieu en vertu d'oppositions juridiques ou saisies-arrêts ne peuvent excéder le cinquième de la solde nette pour les traitements supérieurs à 2.000 francs et le dixième seulement pour les traitements ne dépassant pas ce chiffre.

Pour les sous-officiers à solde journalière, la prime de rengagement est seule saisissable par voie d'opposition ou de saisie-arrêt. Il en est de même des primes d'engagement et de rengagement des militaires de tous grades.

Autres dispositions.

Art. 10. Les dispositions du décret du 29 décembre 1903 qui ne sont pas modifiées par le présent acte demeurent en vigueur.

Toutefois, les tarifs 2, 3, 4 et 5 annexés au décret du 29 décembre 1903 et fixant les allocations d'Europe afférentes au personnel visé par le présent décret, sont remplacés par les tarifs correspondants annexés aux décrets (guerre) des 25 janvier et 20 septembre 1906.

TITRE II.

DISPOSITIONS TRANSITOIRES.

Sous-officiers servant en vertu d'une commission.

Art. 11. Si la commission a été délivrée avant le 21 mars 1905, ces sous-officiers recevront, à partir de la mise en vigueur du présent décret, application des nouveaux tarifs et dispositions réglementaires qu'il édicte.

Si la commission a été délivrée postérieurement au 21 mars 1905, ils bénéficieront des nouveaux tarifs et dispositions à compter du jour où ils ont été commissionnés.

Les rappels, s'il y a lieu, seront faits conformément aux dispositions ci-dessous.

Sous-officiers servant sous le régime de la loi du 18 mars 1889.

Art. 12. I. — Si ces sous-officiers servent présentement en vertu d'un contrat souscrit avant le 21 mars 1905 et s'ils ont été admis avant cette même date au régime de la loi du 18 mars 1889, ils continueront à recevoir, jusqu'à l'expiration de ce rengagement, application des tarifs et dispositions réglementaires prévus par ladite loi et le décret du 29 décembre 1903.

II. — Si leur admission à la loi du 18 mars 1889 est postérieure au 21 mars 1905, ils seront mis en demeure d'opter définitivement entre les anciens et les nouveaux tarifs ; s'ils ont opté pour les nouveaux tarifs, ceux-ci ne leur seront applicables qu'à compter du jour de leur admission au régime de ladite loi.

Dans cette dernière éventualité, ils recevront application entière de ces nouveaux tarifs et des règles d'allocation ; ils auront en conséquence droit, pour la période comprise entre la date de leur admission à la loi du 18 mars 1889 et celle de la mise en vigueur du présent décret, au rappel de la différence entre les prestations normales en argent ou en nature qu'ils ont perçues et celles qu'ils auraient reçues avec les nouveaux tarifs. Pour la période postérieure, ils bénéficieront des nouvelles dispositions, selon leur ancienneté de service, dans les mêmes conditions que les militaires promus sous-officiers après la mise en vigueur du présent décret.

Les options seront faites par écrit, signées par l'intéressé, qui indiquera expressément de sa main le régime définitivement choisi : mention en sera faite à l'encre rouge sur toutes les pièces matriculaires et l'option demeurera déposée aux archives matriculaires de l'intéressé.

III. — Si leur admission au régime de la loi du 18 mars 1889 est antérieure au 21 mars 1905, et si, depuis cette dernière date et avant celle de la mise en vigueur du présent décret, ils ont souscrit un nouveau contrat sous ce même régime, que ce contrat ait ou non commencé à courir, les intéressés seront mis en demeure d'opter définitivement entre les anciens et les nouveaux tarifs dans les conditions qui viennent d'être indiquées au précédent paragraphe.

Dans le cas d'option pour le nouveau régime, celui-ci est rendu, par les mesures suivantes, applicable du jour de départ du nouveau contrat :

a) Le contrat a déjà commencé à courir avant la date de mise en vigueur du présent décret : les droits des intéressés seront déterminés comme il est indiqué au deuxième alinéa du paragraphe précédent, le point de départ de la période étant la date de début du contrat ;

b) Le contrat n'a pas encore commencé à courir lors de la date de la mise en vigueur du présent décret : il sera établi un état comparatif entre les premières mises d'entretien perçues d'avance et les primes auxquelles les intéressés auraient eu droit d'après le nouveau régime et, suivant le résultat de la balance, il y aura lieu à rappel ou à retenue dans les conditions indiquées à l'article 20 ci-après. Conformément aux dispositions du pargraphe 1er du présent article, les anciennes allocations continuent à être payées aux intéressés jusqu'à l'expiration du contrat en cours.

IV. — En cas de nouveau rengagement ou de commission, les sous-officiers visés au paragraphe 1er du présent article et ceux qui auront opté pour le régime de la loi du 18 mars 1889 entreront dans la règle nouvelle et bénéficieront suivant leur ancienneté de service des nouveaux tarifs.

Sous-officiers servant sous le régime du décret du 4 août 1894.

Art. 13. I. — Si ces sous-officiers ont été nommés à ce grade avant le 21 mars 1905 et s'ils servent présentement en vertu d'un engagement ou d'un rengagement, souscrit avant cette même date, sous le régime du décret du 4 août 1894, ils recevront application des nouveaux tarifs et dispositions réglementaires à compter de la date de la mise en vigueur du présent décret dans les mêmes conditions que les sous-officiers qui font l'objet de l'article 15 ci-dessous.

II. — Si ces sous-officiers promus à ce grade avant le 21 mars 1905 servent présentement sous le régime du décret du 4 août 1894, en vertu d'un rengagement souscrit depuis le 21 mars 1905, et antérieurement à la mise en vigueur du présent décret, ils recevront, à compter du jour où ce rengagement aura commencé à courir, application des nouveaux tarifs et dispositions réglementaires ; ils auront droit, pour la période comprise entre le jour du début de leur acte et celui de la mise à exécution du présent décret, au rappel de la différence entre les prestations normales en argent ou en nature qu'ils ont perçues et celles qu'ils auraient reçues avec les nouveaux tarifs. Ils bénéficieront, pour la période postérieure, des nouvelles dispositions, dans les mêmes conditions que les militaires nommés sous-officiers après la mise en vigueur du présent décret.

III. — Si ces sous-officiers ont été nommés à ce grade depuis le 21 mars 1905 et avant la mise en vigueur du présent décret et s'ils servent présentement en vertu d'un engagement ou d'un rengagement souscrit avant cette même date sous le régime du décret du 4 août 1894, ils recevront, à compter de la date de leur promotion, application entière des nouveaux tarifs et règles d'allocation dans les mêmes conditions que les sous-officiers visés au paragraphe précédent.

Sous-officiers stagiaires et ouvriers d'état.

Art. 14. Les sous-officiers stagiaires et ouvriers d'état d'artillerie coloniale commissionnés et nommés à cet emploi avant le 21 mars 1905 conservent, d'une manière transitoire, leurs anciennes allocations et retenues jusqu'au 1er janvier 1910 exclusivement, sauf s'ils sont promus à la classe supérieure ou s'ils optent expressément par écrit pour le nouveau régime, comme il est dit à l'article 11.

Militaires promus sous-officiers.

Art. 15. Les militaires qui seront nommés sous-officiers après l'entrée en vigueur du présent décret recevront aussitôt application des nouveaux tarifs de solde journalière ou de solde mensuelle, échelonnés suivant leur ancienneté de service.

Il en sera de même pour la haute paye, s'il y a lieu, et ils auront droit, à compter de leur promotion, conformément à l'article 61 de la loi du 21 mars 1905, à une part proportionnelle de la prime du nouveau tarif afférente au grade de sous-officier, calculée d'après le temps restant à courir pour terminer leur contrat en cours et dans la limite de dix ou de cinq ans de services, selon qu'ils appartiennent aux troupes coloniales ou métropolitaines, déduction faite de celles qu'ils auront déjà reçues en vertu des dispositions légales ou réglementaires antérieures pour le même laps de temps, nonobstant le droit au complément colonial de prime prévu aux articles 5 et 6 (Troupes métropolitaines).

Caporaux, brigadiers et soldats engagés, rengagés ou commissionnés.

Art. 16. I. — Les caporaux, brigadiers et soldats servant en vertu d'un engagement de quatre ou cinq ans ou d'un rengagement contracté, d'une commission délivrée avant le 21 mars 1905, recevront, à partir de la date de la mise en vigueur du présent décret et de leur 4e année de service, les nouvelles soldes et hautes payes, sauf, pour la solde, l'exception prévue par l'article 17 ci-après (emplois spéciaux et sous-officiers servant au titre étranger).

Aucun rappel ne pourra leur être fait pour la période antérieure. Ils ne pourront prétendre, en outre, à aucun rappel, différences de primes ou d'indemnités spéciales journalières pour le temps leur restant à accomplir pour terminer leur contrat en cours.

Les engagements de trois ans contractés avant la mise en vigueur complète de la nouvelle loi, c'est-à-dire avant le 21 mars 1906, ne donnent droit, en aucun cas, à aucune allocation de rengagement.

II. — Si le contrat, postérieur au 21 mars 1905, est entré en vigueur antérieurement à l'application du présent décret, les militaires dont il s'agit recevront, à partir du jour où cet acte a commencé à courir, application intégrale des nouveaux tarifs et dispositions réglementaires.

Ils seront rappelés pour le laps de temps compris entre le début du contrat et la date de mise à exécution du présent décret de la différence entre les hautes payes qu'ils ont perçues et celles qu'ils auraient reçues si les nouveaux tarifs étaient appliqués depuis le 21 mars 1905.

Ils bénéficieront également des nouvelles primes dans le cas où elles seraient plus élevées que les primes des anciens tarifs, mais sous déduction des primes déjà perçues et dans la limite de dix ans ou de cinq ans de services, selon qu'ils appartiendront aux troupes coloniales ou métropolitaines, sous la réserve prévue à l'article précédent en ce qui concerne le complément colonial.

III. — Si le contrat souscrit ne doit commencer à courir qu'après la date de mise en vigueur du présent décret, les intéressés recevront également pour cet acte application des nouveaux tarifs et dispositions réglementaires.

Le jour où le contrat commencera à courir, ils recevront la

différence entre les anciennes et les nouvelles primes dans les conditions indiquées au paragraphe précédent.

IV. — Les engagements volontaires de trois ans souscrits pendant la période comprise entre le 21 mars 1905 et le 21 mars 1906 sont exclusifs, pour leur troisième année, de toutes allocations de rengagement quelles qu'elles soient ; cette troisième année n'ouvrira des droits auxdites allocations que pour les engagements volontaires de trois ans contractés à partir du 21 mars 1906.

Militaires pourvus d'emplois spéciaux et sous-officiers servant au titre étranger.

Art. 17. Les militaires rengagés ou commissionnés avant le 21 mars 1905 et pourvus avant cette date d'emplois spéciaux désignés à l'article 2 du présent décret, et, le cas échéant, les sous-officiers rengagés ou commissionnés servant au titre étranger, conserveront transitoirement la solde des anciens tarifs, savoir :

Les rengagés, jusqu'à l'expiration de leur rengagement actuellement en cours de durée ;

Les commissionnés, jusqu'au 1er janvier 1910 exclusivement.

Tarifs de solde.

Art. 18. Le tarif plein de la solde mensuelle prévue dans le tableau n° 1 annexé au présent décret ne sera appliqué qu'à partir du 1er janvier 1910.

Pendant les années 1906, 1907, 1908 et 1909, tous les sous-officiers ayant droit à la solde mensuelle recevront transitoirement la solde mensuelle à tarifs échelonnés (Tarif n° 2) dans lesquels la progression s'accroît périodiquement pour atteindre finalement, en 1910, les taux du tarif plein définitif.

Retenue de la haute paye.

Art. 19. Les dispositions de la loi du 21 mars 1905 visant la suspension du droit à la haute paye pendant le cours des punitions de prison supérieures à huit jours, les punitions de cellule (art. 60) et pendant la durée du séjour dans les compagnies de discipline et sections de discipline (art. 66) n'ont d'effet qu'à l'égard des militaires liés au service en vertu d'un acte contracté après la promulgation de ladite loi.

Les militaires engagés, rengagés ou commissionnés en vertu d'un contrat souscrit avant le 21 mars 1905 continueront à recevoir, jusqu'à l'expiration de ce contrat, application des dispositions des articles 67 de la loi du 15 juillet 1889 et 25 du décret du 4 août 1894, en ce qui concerne la privation ou la suspension du droit à la haute paye ; à tous les autres points de vue d'ordre pénal, ils seront régis par la loi du 21 mars 1905.

En ce qui concerne le droit à la haute paye des militaires désignés au précédent paragraphe, pendant la durée des punitions de prison ou de cellule, il faut distinguer deux catégories :

1° Militaires engagés ou rengagés, commissionnés, en vertu d'un acte antérieur à la décision présidentielle du 28 février 1904 : ils conservent jusqu'à l'expiration de cet acte le droit à la haute paye, même punis de prison ou de cellule ;

2° Militaires engagés, rengagés ou commissionnés en vertu d'un acte souscrit après la décision présidentielle du 28 février 1904 et avant le 21 mars 1905 et qui subissaient la retenue de la haute paye pour toutes les journées passées en prison ou en cellule, quelle que fût la durée de la punition : ils bénéficieront, à compter du 21 mars 1905, de l'adoucissement apporté par la nouvelle loi et aucune retenue de haute paye ne sera justifiée à leur égard, que si elle est exercée dans les conditions prévues par l'article 60 de ladite loi.

TITRE III.

MESURES D'APPLICATION.

Rappels et retenues.

Art. 20. La situation financière de chaque militaire passant d'un régime à un autre sera réglée, dès la promulgation du présent décret, au moyen de décomptes individuels reconnus exacts par les intéressés et joints aux revues de liquidation.

Pour l'année 1905, la solde mensuelle sera décomptée au taux de la solde mensuelle prévue pour l'année 1906.

Si la balance de compte fait ressortir un trop-perçu, il sera aussitôt recouvré à l'aide des retenues réglementaires sur la solde mensuelle et les allocations de rengagements.

Les sommes dues pour différence de prime seront payées aux intéressés, soit immédiatement, soit au moment où ils quitteront le service, avec les intérêts simples à 2,50 p. 100 dans les conditions prévues à l'article 7.

Les rappels acquis pour différence des autres allocations en argent et en nature seront aussitôt payés aux ayants droit.

Les dispositions ci-dessus ne visent que les rappels dus pour les allocations acquises pendant la durée du séjour aux colonies et les traversées d'aller aux colonies ; ceux relatifs aux allocations acquises pendant la durée du séjour en France et le temps de la traversée du retour des colonies sont effectués conformément aux tarifs et aux dispositions prévues dans les décrets (guerre) des 25 janvier et 20 septembre 1906, selon que le militaire appartient aux troupes métropolitaines ou coloniales.

Date et mode de mise en vigueur.

Art. 21. Le Ministre des colonies est chargé de l'exécution du présent décret, dont les dispositions, en ce qui concerne la mise en vigueur des nouveaux tarifs, sont applicables aux troupes européennes et assimilées, stationnées aux colonies, savoir : pour les militaires des troupes métropolitaines, à compter du 1er février 1906, pour les militaires des troupes coloniales à compter du 1er octobre 1906. Toutefois, le présent décret n'est applicable aux troupes métropolitaines, en ce qui concerne le complément colonial de primes, qu'à partir du 1er octobre 1906.

Toutes les dispositions contraires au présent décret sont abrogées.

Fait à Paris, le 28 janvier 1908.

A. FALLIÈRES.

Par le Président de la République :

Le Ministre des colonies,
MILLIÈS-LACROIX.

Le Ministre de la guerre,
G. PICQUART.

Le Ministre des finances,
J. CAILLAUX.

TARIF N° 1. — *Solde coloniale des sous-officiers.*

(Tarif définitif applicable à partir du 1er janvier 1910, seulement pour les sous-officiers à solde mensuelle.)

CORPS DE TROUPES DE TOUTES ARMES.	SOLDE JOURNALIÈRE des non-rengagés des engagés ou rengagés jusqu'à la cinquième année de services inclusivement		SOLDE MENSUELLE DES RENGAGÉS OU COMMISSIONNÉS AYANT PLUS DE CINQ ANS RÉVOLUS DE SERVICES.											
			De la sixième à la huitième année incluse.				Neuvième et dixième année.				A partir de la onzième année.			
			Solde de présence			Solde d'absence	Solde de présence			Solde d'absence	Solde de présence			Solde d'absence
	de présence.	d'absence.	par an.	par mois.	par jour.	par jour.	par an.	par mois.	par jour.	par jour.	par an.	par mois.	par jour.	par jour.
Adjudant, chef de fanfare, sous-officier stagiaire et ouvrier d'état de l'artillerie coloniale, chef armurier de 1re classe des troupes coloniales	4 75	2 38	2.610	217 50	7 25	3 63	2.754	229 50	7 65	3 83	3.078	256 50	8 55	4 28
Sergent-major, maréchal des logis chef, sergent-major clairon, maréchal des logis trompette-major, chef artificier, sous-chef de fanfare, chef armurier de 2e classe des troupes coloniales	2 65	1 33	1.872	156 »	5 20	2 60	2.016	168 »	5 60	2 80	2.340	195 »	6 50	3 25
Sergent, sergent fourrier, maréchal des logis, maréchal des logis fourrier, sergent clairon, maréchal des logis trompette, sous-chef artificier, maréchal des logis maître sellier, s.-chef armurier des troupes coloniales, sergents et maréchaux des logis maîtres tailleurs et maîtres cordonniers, maréchal des logis premier maître maréchal	2 »	1 »	1.638	136 50	4 55	2 28	1.782	148 50	4 95	2 48	2.106	175 50	5 85	2 93

TARIF N° 2. — *Solde coloniale des sous-officiers.*
(Tarif applicable transitoirement en 1906, 1907, 1908, 1909.)

CORPS DE TROUPES DE TOUTES ARMES.	SOLDE MENSUELLE DES RENGAGÉS ET COMMISSIONNÉS AYANT PLUS DE CINQ ANS RÉVOLUS DE SERVICES.											
	De la sixième à la huitième année incluse.				Neuvième et dixième année.				A partir de la onzième année.			
	Solde de présence			Solde d'absence	Solde de présence			Solde d'absence	Solde de présence			Solde d'absence
	par an.	par mois.	par jour.	par jour.	par an.	par mois.	par jour.	par jour.	par an.	par mois.	par jour.	par jour.
1906.												
Adjudant et assimilé	2.610	217 50	7 25	3 63	2.682	223 50	7 45	3 73	2.826	235 50	7 85	3 93
Sergent-major et assimilé	1.872	156 »	5 20	2 60	1.944	162 »	5 40	2 70	2.088	174 »	5 80	2 90
Sergent et assimilé	1.638	136 50	4 55	2 28	1.710	142 50	4 75	2 38	1.854	154 50	5 15	2 58
1907.												
Adjudant et assimilé	2.610	217 50	7 25	3 63	2.682	223 50	7 45	3 73	2.898	241 50	8 05	4 03
Sergent-major et assimilé	1.872	156 »	5 20	2 60	1.944	162 »	5 40	2 70	2.160	180 »	6 »	3 »
Sergent et assimilé	1.638	136 50	4 55	2 28	1.710	142 50	4 75	2 38	1.926	160 50	5 35	2 68
1908.												
Adjudant et assimilé	2.610	217 50	7 25	3 63	2.682	223 50	7 45	3 73	2.952	246 »	8 20	4 10
Sergent-major et assimilé	1.872	156 »	5 20	2 60	1.944	162 »	5 40	2 70	2.214	184 50	6 15	3 08
Sergent et assimilé	1.638	136 50	4 55	2 28	1.710	142 50	4 75	2 38	1.980	165 »	5 50	2 75
1909.												
Adjudant et assimilé	2.610	217 50	7 25	3 63	2.682	223 50	7 45	3 73	3.006	250 50	8 35	4 18
Sergent-major et assimilé	1.872	156 »	5 20	2 60	1.944	162 »	5 40	2 70	2.268	189 »	6 30	3 15
Sergent et assimilé	1.638	136 50	4 55	2 28	1.710	142 50	4 75	2 38	2 034	169 50	5 65	2 83

TARIF N° 3. — *Solde coloniale des hommes de troupe.*

CORPS DE TROUPES DE TOUTES ARMES.	SOLDE JOURNALIÈRE	
	de présence.	d'absence.
Caporal fourrier, brigadier fourrier............	0 90	0 62
Caporal, brigadier............................ Caporal sapeur.............................. Caporal clairon, brigadier trompette............ Caporal armurier des troupes coloniales........ Brigadier armurier des troupes coloniales....... Musicien après dix ans de fonctions............ Brigadier maître maréchal....................	0 65	0 49
Artificier de batterie.......................... Maître pointeur, maître artificier..............	0 50	0 42
Maître ouvrier, premier ouvrier................ Soldat armurier................................	0 50	0 42
Soldat, cavalier, canonnier, conducteur ou servant.................................. Ouvrier des batteries et des compagnies d'artificiers, à fer et à bois....................... Aide-maréchal ferrant, bourrelier............... Sapeur des corps d'infanterie et du génie........ Tambour, clairon, trompette................... Soldat élève musicien......................... Soldat disciplinaire (fusilier et pionnier).........	0 20	0 27

TARIF N° 4. — *Hautes payes d'ancienneté aux colonies.*

CORPS DE TROUPES DE TOUTES ARMES.	PAR JOUR.		
	Après deux ans de services inclus.	Après six ans de services inclus.	A partir de la 11e année de services.
Sous-officiers et assimilés de tous grades et de toutes armes et services.........	1 60	»	»
Brigadier, brigadier fourrier, caporal, caporal fourrier de toutes armes et servic^{es}.	1 10	1 35	1 40
Soldats de toutes armes et services.......	0 80	1 05	1 20

TARIF N° 5. — *Allocations afférentes aux engagements et rengagements.*

DÉSIGNATION.	TAUX DES PRIMES.		
	1re CATÉGORIE.	2e CATÉGORIE.	3e CATÉGORIE.
Engagements et rengagements à terme fixe. (Troupes métropolitaines et coloniales.)			
1° Troupes métropolitaines.			
A. — PRIMES.			
I. — *Engagements.*			
Engagement... de 4 ans	200	150	100
Engagement... de 5 ans	400	300	200
II. — *Rengagements.*			
Rengagements portant la durée du service à :			
Sous-officiers .. 4 ans	420	360	»
Sous-officiers .. 4 ans 1/2	630	540	»
Sous-officiers .. 5 ans	840	720	»
Caporaux, brigadiers et soldats .... 4 ans	200	150	100
Caporaux, brigadiers et soldats .... 4 ans 1/2	300	225	150
Caporaux, brigadiers et soldats .... 5 ans	400	300	200

B. — COMPLÉMENT COLONIAL DE PRIMES

Proportionnel à la durée de séjour aux colonies.	De la troisième à la cinquième année de services incluse........	Aux sous-officiers..................	20fr » par an.
		Aux caporaux et soldats	26 65 par an.
	De la sixième à la dixième année de services incluse..............	Aux sous-officiers.....................	300 » par an.
		Aux caporaux et soldats	160 » par an.

2° Troupes coloniales.

Sous-officiers....................	300 fr. pour une année.	A partir de la troisième année, jusqu'à la dixième inclusivement.
Caporaux et soldats..............	160 fr. pour une année.	

Engagements et rengagements résiliables. (Troupes coloniales.)

Soldats.....	Prime réduite annuelle.............	20fr »	A partir de la troisième année, jusqu'à la dixième inclusivement.
	Indemnité journalière spéciale.......	0 38	

Tarif n° 6. — *Indemnité spéciale pour résidence (Européens).*

GRADES OU EMPLOIS.	FIXATION DE L'INDEMNITÉ JOURNALIÈRE.					OBSERVATIONS.
	1re ZONE.	2e ZONE.	3e ZONE.	4e ZONE.	5e ZONE.	
Officiers et assimilés de tous grades	»	»	2 »	3 »	4 »	(1) Les sous-officiers et assimilés de tous grades perçoivent, en outre, une allocation égale à la différence entre le taux de l'indemnité représentative de la ration dans le lieu de leur résidence et la somme de 1 fr. incorporée dans leur solde.
Sous-officiers et assimilés de tous grades / Caporaux et brigadiers fourriers	(1) 0 075	(1) 0 15	(1) 0 30	(1) 0 45	(1) 0 75	
Caporaux, brigadiers et soldats et assimilés	0 05	0 10	0 20	0 30	0 50	

Tarif n° 7. — *Retenue journalière d'hôpital (sous-officiers rengagés ou commissionnés).*

GRADES OU EMPLOIS.	MONTANT DE LA RETENUE AUX COLONIES			
	jusqu'à la cinquième année de services incluse.	de la sixième à la huitième année incluse.	neuvième et dixième année.	à partir de la onzième.
Adjudants et assimilés	1 50	1 60	1 70	1 80
Sergents-majors et assimilés	1 »	1 10	1 20	1 30
Sergents et assimilés	0 70	0 80	0 90	1 »

Instruction pour la mise en vigueur du décret du 28 janvier 1908, portant application aux troupes européennes et assimilées à la charge du département des colonies des dispositions de la loi du 21 mars 1905, sur le recrutement de l'armée.

Paris, le 28 janvier 1908.

Ainsi que son titre l'indique, ce décret ne concerne que les seuls militaires visés par la loi du 21 mars 1905, c'est-à-dire les militaires servant au titre français, qu'ils soient originaires de France ou bien des colonies où la loi de recrutement a été applicable.

Toutefois, en ce qui touche le personnel de l'armurerie, le décret a fait uniquement mention des militaires du corps des armuriers des troupes coloniales, dont la création est à l'étude, et, par assimilation, des armuriers des troupes métropolitaines.

Quant aux armuriers de la marine détachés aux colonies, soit dans les corps de troupes, soit dans les établissements de l'artillerie, ils ne sont pas compris dans les dispositions du décret.

En résumé, sont exclus de ces dispositions :

1° Les armuriers de la marine détachés aux colonies ;
2° Les militaires servant au titre étranger ;
3° Les militaires indigènes.

La situation de ces trois catégories de personnel militaire, au point de vue de la solde et des accessoires de solde, est d'ailleurs réglée, à l'heure actuelle, de la façon suivante :

Armuriers de la marine détachés aux colonies.

La circulaire du 14 décembre 1906 et le décret du 29 décembre 1903, auquel cette circulaire fait référence, déterminent la nature et le taux des allocations revenant à ce personnel.

Militaires servant au titre étranger.

Ces militaires étant liés au service en vertu de dispositions spéciales (ordonnance organique du 10 mars 1831, décret du 14 septembre 1864), ne sauraient prétendre qu'à la solde coloniale journalière et aux hautes payes coloniales afférentes à leur grade, à l'exclusion de toute prime d'engagement ou de rengagement. De plus, conformément à la décision présidentielle du 16 décembre 1885, la variation de la haute paye doit être quinquennale, c'est-à-dire que la première haute paye leur est allouée après cinq ans, la seconde après dix ans et la troisième, pour les sous-officiers, après quinze ans de services.

En conséquence, les militaires servant aux colonies au titre étranger toucheront toutes les allocations prévues par le décret joint, pour les militaires servant au titre français, à l'exception des primes et compléments de primes d'engagement ou de rengagement et sous la réserve :

1° Que la solde journalière (fixée par les tarifs n°s 1 et 3) leur sera payée à l'exclusion de la solde globale mensuelle ;

2° Que les hautes payes progressives (prévues au tarif n° 4) (1) leur seront allouées après cinq ans, après dix ans et, pour les sous-officiers, après quinze ans de services.

Toutefois, et à titre de disposition transitoire, les militaires servant au titre étranger au moment de l'apparition du décret joint conserveront leurs anciennes allocations, savoir :

Les engagés ou rengagés, jusqu'à l'expiration de leur contrat actuellement en cours de durée ;

Les commissionnés, jusqu'au 1er janvier 1910 exclusivement.

Militaires indigènes.

Les droits de ces militaires aux diverses allocations de solde et accessoires de solde sont définis par le décret du 29 décembre 1903, ainsi que par les actes spéciaux à cette catégorie de militaires.

Pour l'application du décret, on observera les prescriptions suivantes, qui ne sont, d'ailleurs, pour la plupart, que la reproduction de celles données par le Département de la guerre au sujet de la mise en vigueur du décret du 20 septembre 1906.

Hautes payes.

La haute paye ne peut être allouée pour la première fois qu'après deux années de présence effective sous les drapeaux ; la détermination des droits à cette allocation et à ses accroissements successifs est, dans tous les cas, essentiellement subordonnée à l'existence des services effectifs dans les conditions prévues à l'article 38 de la loi du 21 mars 1905, ainsi conçu :

---

(1) Pour les sous-officiers, le tarif n° 4, annexé au décret ci-après, ne donne que la première haute paye, les hautes payes suivantes étant fusionnées dans la solde globale mensuelle. Il conviendra donc d'adopter comme taux de la deuxième et de la troisième haute paye à appliquer aux sous-officiers servant au titre étranger et percevant les nouvelles allocations, savoir : jusqu'au 1er janvier 1910, les chiffres respectifs de 2 fr. 55 et 2 fr. 75, et, à partir de cette date, les chiffres respectifs de 2 fr. 55 et de 2 fr. 95, représentant exactement la différence entre la solde globale (après les cinquième et huitième années, tarifs n°s 1 et 2) et la solde journalière.

« La durée du service actif ne pourra pas être interrompue par des congés, sauf dans le cas de maladie ou de convalescence, ou de réforme temporaire prononcée après un certain temps passé au corps et par suite de maladie contractée au service ou en exécution de l'article 90 de la présente loi. Les militaires accomplissant la durée légale du service ne pourront, en dehors des dimanches et jours fériés, obtenir de permissions que jusqu'à concurrence d'un total de trente jours au maximum pendant leur présence sous les drapeaux. En cas de force majeure dûment justifié, le chef de corps pourra accorder une permission supplémentaire, sous réserve d'en rendre compte au Ministre de la guerre. »

Primes d'engagement et de rengagement.

Les engagés ou rengagés sous l'empire de dispositions antérieures à la loi du 21 mars 1905 et qui auraient des primes à toucher au moment de la promulgation du décret joint ne pourront, en aucun cas, se prévaloir des prescriptions de cette loi pour demander le payement immédiat des primes qui leur sont encore dues.

Quant aux engagements et rengagements souscrits en vertu des dispositions de cette loi, ils donnent droit à des primes qui peuvent être payées aussitôt ou ultérieurement à la convenance des intéressés, à l'exception toutefois du complément colonial de prime qui est toujours payé à l'expiration du séjour colonial.

Il est indispensable, par suite, d'indiquer les conditions dans lesquelles devront être effectués les payements partiels, par annuités, le calcul des intérêts simples produit par ces diverses sommes, et les mesures administratives qui sont la conséquence nécessaire, malgré leur complication, de ces dispositions.

Lors de leur arrivée au corps ou au moment où leur rengagement commencera à courir, les intéressés devront, s'ils ne touchent pas la totalité de la prime, déclarer par écrit dans quelles conditions ils désirent être mis graduellement en possession des sommes qui leur restent dues. Cette déclaration sera conservée dans les archives matriculaires de l'homme et une copie certifiée en sera, en même temps que l'état de solde, adressée à l'intendant chargé de la surveillance administrative du corps.

L'engagé ou le rengagé qui a déclaré vouloir toucher sa prime ou le reliquat de cette prime par annuités égales a droit, pour chaque annuité, à l'intérêt simple de 2 fr. 50 p. 100 (1)

---

(1) Dans le cas où les calculs d'intérêts devraient être effectués par journées, l'intérêt pour chaque journée sera décompté à $\frac{2.50}{360}$, le mois étant décompté par 30 jours.

acquis au jour du payement, et, d'autre part, la dernière annuité pourra ne lui être réglée qu'au moment où il quittera le service.

L'intérêt simple de 2,50 p. 100, calculé sur le montant du reliquat, devra être décompté à partir du jour où le contrat a commencé à courir, puisque la prime a été acquise à ce moment à l'intéressé.

Si l'engagé ou le rengagé a déclaré ne vouloir toucher sa prime totale ou partielle qu'en un seul versement au moment de sa libération, l'option qu'il a faite ne doit pas être considérée comme définitive, et, en conséquence, en cas de mariage ou autre obligation dûment constatée, le militaire pourra être autorisé par le chef de corps à percevoir la totalité ou une fraction de la prime qui lui est due, augmentée de l'intérêt simple de 2,50 p. 100 depuis le commencement du contrat.

Il appartiendra au chef de corps d'exiger toutes justifications utiles pour éviter les abus.

En cas d'accroissement des tarifs de prime, ne pourront bénéficier de cet accroissement que les militaires restés, à la date de la promulgation des nouveaux tarifs, créanciers de l'État pour le payement, soit total, soit partiel, de leur prime d'engagement ou de rengagement et pour la part restant due, le législateur ayant voulu, par cette disposition, encourager l'épargne chez les militaires de carrière.

Il importera, toutefois, de renseigner exactement les intéressés et de leur faire connaître qu'ils ont également à leur disposition les caisses d'épargne qui fonctionnent dans les corps de troupes outre-mer avec la même facilité qu'en France pour les dépôts, transmissions ou retraits de fonds.

Dans le cas de promotion et en ce qui concerne les contrats résiliables, le complément de prime payé à l'intéressé est égal à la totalité des indemnités journalières spéciales qu'il aurait perçues jusqu'à la fin du contrat en cours ; le décompte des journées est, dans ce cas, effectué comme s'il s'agissait d'un rappel des hautes payes journalières et ne doit pas être calculé à raison de trente jours par mois ou trois cent soixante jours par an, mais d'après le nombre de journées existant réellement jusqu'à la fin du contrat. Si l'indemnité journalière était accrue, c'est le nouveau taux qui devrait être décompté.

En principe, les primes ou parts de primes ne devront jamais être payées sur les fonds divers ou généraux des corps. La règle est qu'elles ne peuvent être remises aux intéressés qu'après perception préalable aux caisses du Trésor. Toutefois, si des circonstances exceptionnelles motivaient une dérogation à la règle, le trésorier devrait, au préalable, s'assurer qu'il n'existe aucune opposition entre les mains de l'agent du Trésor et il devra toujours se conformer aux dispositions réglementaires en vigueur au sujet du payement de ces primes ou parts de primes. Toute infraction à ces dispositions pourrait, le cas échéant, avoir comme conséquence d'engager pécuniairement la responsabilité des conseils d'administration.

Le trésorier de chaque corps de troupes ou le commandant comptable et les fonctionnaires de l'intendance chargés de la surveillance administrative des corps tiendront un livre de comptes courants des primes non payées aussitôt en entier aux intéressés, conformément au modèle ci-après :

Comptes de primes de X... (nom, prénoms, nº mle, régiment, compagnie ou batterie)
Détail des services
Enregistrement de la déclaration de l'intéressé relative aux conditions de perception de la prime qui lui est due
(Laisser la place suffisante pour les déclarations concernant des rengagements ultérieurs.)

DATE DES OPÉRATIONS.	DÉTAIL DES OPÉRATIONS.	ACTIF.	PAYEMENTS EFFECTUÉS.	
			Prime ou portion de prime.	Intérêts simples.

Arrêté le présent compte courant à la date du à (actif et payement en toutes lettres) d'où il ressort un excédent d'actif de (en toutes lettres).

A , le 19 .

Le trésorier,

En cas de mutation, la nouvelle désignation est indiquée dans la colonne « Détail des opérations » et le compte clos à la date à laquelle l'intéressé a cessé de compter à l'effectif du corps.

L'intendant est averti par l'état de mutation et arrête également le compte de l'intéressé sur son registre.

Une copie certifiée du compte et de la déclaration est envoyée, par les soins du trésorier ou du commandant comptable, dans le mois qui suit le départ du militaire, au nouveau corps d'affectation, après avoir été visée par l'intendant.

Le corps auquel appartient alors le militaire ouvre un nouveau compte individuel dont la première inscription est, à l'actif, le reliquat d'avoir du compte précédent. Le nouveau corps adresse au sous-intendant militaire chargé de la surveillance administrative du corps copie du compte et de la déclaration qu'il a reçue de l'ancien corps d'où provient le militaire.

Les comptes courants devront être décomptés distinctement pour chaque contrat et le reliquat constaté à l'expiration d'un contrat pourra être reporté au crédit du compte ; mais, dans aucun cas, le reliquat dont il s'agit ne pourra devenir productif d'intérêts au cours du contrat suivant : aucune confusion ne devra donc se produire entre les allocations et les intérêts simples se rapportant à chacun des contrats compris dans le compte courant.

En outre, les divers payements effectués seront aussitôt inscrits, d'une manière détaillée, sur les livrets individuels des intéressés.

Indemnité de résidence.

La différence entre le taux de l'indemnité représentative de la ration dans le poste et la somme de 1 franc, qui est payée aux sous-officiers comme indemnité de résidence complémentaire, est calculée sur le taux de l'indemnité représentative, déterminé ainsi qu'il est dit à la circulaire du 11 décembre 1906 portant notification du règlement sur la masse d'alimentation et de ravitaillement, mais diminué des 33 centimes qui y sont incorporés au titre de l'ordinaire.

Indemnité de départ colonial.

L'indemnité de départ colonial consiste, pour les sous-officiers et assimilés, rengagés ou commissionnés, mariés, en un mois de la solde nette d'Europe ; plus, pour les intéressés à solde journalière, à un mois de haute paye d'Europe.

Indemnité de travail.

Les taux de l'indemnité de travail prévue à l'article 8 du décret ci-après sont fixés ainsi qu'il suit :

Garde stagiaire de 1re classe et ouvrier d'état de 1re classe, 4 francs ;

Garde stagiaire de 2e classe et ouvrier d'état de 2e classe, 3 francs ;

Chef armurier de 1re classe des troupes coloniales, 4 francs ;

Chef armurier de 2e classe des troupes coloniales, 3 fr. 75 ;

Sous-chef armurier des troupes coloniales, 3 fr. 50 ;

Brigadier maître maréchal ferrant, 0 fr. 75.

Caporaux, brigadiers et soldats armuriers des troupes coloniales, pourvus du certificat d'aptitude, à partir de la délivrance du certificat :

Pendant les deux premières années, 1 fr. 50 ;

Pendant les trois années suivantes, 2 francs ;

De cinq à dix ans, 2 fr. 50 ;

Au delà de dix ans, 3 francs.

Ces indemnités sont imputables : pour le personnel employé dans les directions d'artillerie, sur les chapitres « Services de l'artillerie et constructions militaires » administrés par ces directions ; pour le personnel armurier employé dans les corps de troupes, sur la masse d'armement des corps ; pour les brigadiers maîtres maréchaux ferrants, sur la masse d'entretien du harnachement et du ferrage des corps.

Transitoirement et jusqu'au 1er janvier 1910 seulement, l'indemnité de travail fixée ci-dessus, en ce qui concerne les stagiaires, sera accordée, sans aucune exception, à tous les stagiaires commissionnés dans leur emploi avant le 21 mars 1905 et ayant opté pour le nouveau régime.

A partir du 1er janvier 1910, l'indemnité en question ne sera accordée qu'aux seuls stagiaires employés sur les chantiers de construction, à l'exclusion des stagiaires remplissant les fonctions de comptable.

Le personnel énuméré ci-dessus ne bénéficie, en aucun cas, des indemnités de travail fixées par l'annexe A n° 10 du règlement du 16 octobre 1903 sur les directions d'artillerie aux colonies.

DISPOSITIONS TRANSITOIRES.

Les rappels auxquels l'application de ces dispositions donnera lieu seront effectués au moyen de décomptes individuels reconnus exacts par les intéressés et établis conformément au modèle.

Ce décompte individuel, dressé sous forme d'état comparatif, se divise essentiellement en deux parties :

Dans la première seront indiquées les prestations qui auraient été allouées aux militaires qui se trouveraient dans une des positions visées par le titre II du décret, si les nouveaux tarifs avaient été mis en vigueur dès la promulgation de la loi du 21 mars 1905 ou depuis le jour où ils tomberont sous l'application de cette loi.

Dans la deuxième seront portées celles qu'ils auront effectivement perçues dans le même laps de temps.

Toutefois, on ne portera dans l'état comparatif que les primes ou parts proportionnelles de primes réellement perçues par l'intéressé sous l'ancien régime, ainsi que la prime ou part proportionnelle de prime du nouveau régime qui eût été perçue pour la même période et dans les mêmes conditions.

La comparaison des totaux de chacune de ces parties fera ressortir soit un trop-payé, soit un moins-payé, pour l'acquittement desquels il sera procédé conformément aux prescriptions de l'article 20.

Si les intéressés sont libérables, ils seront mis en demeure de rembourser les trop-payés dont ils ont bénéficié à tort, et, au cas de refus, il en sera rendu compte au Ministre.

S'ils sont partis pour la France, les corps stationnés aux colonies feront parvenir aux corps nouveaux d'affectation les états comparatifs nécessaires pour poursuivre le remboursement ; les sommes ainsi recouvrées leur seront adressées régulièrement et périodiquement, au moyen de mandats sur le Trésor par les trésoriers de ces corps, et feront l'objet de recettes directes, dans la comptabilité du corps créancier, au titre de la solde, inscrites au registre des fonds divers.

Les trop-payés de cette nature qui n'auraient pas été remboursés avant l'arrêté des opérations de la centralisation devront ressortir dans les explications des excédents de dépenses de la solde.

En aucun cas, et cette interdiction est absolue, le virement au chapitre de la solde par le chapitre des fonds divers, ne pourra être effectué avant que ce dernier chapitre ait fait entièrement recette de la somme à recouvrer.

En résumé, les corps sont chargés, dans tous les cas, de poursuivre directement le recouvrement de tous les trop-payés, et ils ne peuvent virer au chapitre de la solde les sommes reçues pour chacun des intéressés qu'autant que sa dette sera entièrement éteinte.

En ce qui concerne les moins-payés, il peut arriver pour les sous-officiers qui se trouveraient placés sous le régime du décret du 4 août 1894, les caporaux et soldats dont les primes sont plus considérables sous le nouveau régime, que le payement de ces moins-payés ne pourra être effectué aussitôt, parce que le contrat de rengagement qui y donne droit n'aura pas encore commencé à courir ; dans ce cas, le militaire aura cependant perçu les allocations prévues par les anciens tarifs ; mais la différence de prime avec les nouveaux tarifs ne pourra lui être rappelée, conformément à la loi, que lorsque le rengagement aura commencé, la prime ne devra pas alors être comprise sur l'état comparatif ; le rappel n'en pourra être effectué que le jour du début du rengagement au moyen d'un nouvel état de même modèle. Cet état comparatif sera établi par le corps qui possédera l'homme au moment où le rengagement commencera à courir.

Cette observation ne vise pas les sous-officiers placés sous le régime de la loi du 18 mars 1889, ayant opté pour le nouveau régime et qui auraient perçu une première mise pour un rengagement n'ayant pas encore commencé à courir. Il faut, dans ce cas, porter sur l'état comparatif la première mise perçue et la part équivalente de la nouvelle prime, bien qu'elle ne soit pas encore acquise.

Les états comparatifs établis par les corps de troupes aux colonies devront se rapporter uniquement à la période de séjour dans nos possessions d'outre-mer et des traversées d'aller (1).

Les dispositions de la présente instruction et du décret joint, en ce qui concerne le mode de payement des primes aux engagés et rengagés, ont été modifiées par la loi du 10 juillet 1907. Aux termes de cette loi, la moitié de la prime est acquise à l'engagé le jour de la signature de l'acte, le reste ou une partie, à son choix, avant l'expiration de la durée légale du service ; pour le rengagé, elle est payée en partie ou en totalité, à son choix, le jour de son rengagement.

Le Ministre des colonies,
MILLIÈS-LACROIX.

---

(1) Il peut se produire qu'un rengagement souscrit aux colonies ayant donné lieu à un payement d'une première mise ou d'une prime n'ait commencé à courir qu'après le départ du militaire de la colonie. Dans ce cas, le décompte établi au titre du budget colonial comprendra, « au débit », la prime ou première mise payée aux colonies ; mais aucune somme correspondante ne figurera en contre-valeur « au crédit ». Le décompte établi au compte du budget de la guerre, au contraire, comprendra « au crédit », le montant de la prime des nouveaux tarifs, mais ne portera « au débet » aucune inscription correspondante. Il sera procédé, par analogie, pour le cas inverse.

Cette disposition devra être observée avec le plus grand soin, en raison des prescriptions parallèles édictées par le Département de la guerre dans sa circulaire du 5 octobre 1906, et eu égard à la spécialité budgétaire.

Mention de tous les payements effectués devra être portée sur les livrets matricules et individuels des intéressés.

Les états comparatifs seront annexés à la revue de liquidation.

Paris et Limoges. — Imprimerie militaire Henri CHARLES-LAVAUZELLE.

www.ingramcontent.com/pod-product-compliance
Ingram Content Group UK Ltd.
Pitfield, Milton Keynes, MK11 3LW, UK
UKHW020417220726
13923UKWH00004B/1997

9 782019 631130